BEI GRIN MACHT SICH IHR WISSEN BEZAHLT

- Wir veröffentlichen Ihre Hausarbeit, Bachelor- und Masterarbeit

- Ihr eigenes eBook und Buch - weltweit in allen wichtigen Shops

- Verdienen Sie an jedem Verkauf

Jetzt bei www.GRIN.com hochladen und kostenlos publizieren

Bibliografische Information der Deutschen Nationalbibliothek:

Die Deutsche Bibliothek verzeichnet diese Publikation in der Deutschen Nationalbibliografie; detaillierte bibliografische Daten sind im Internet über http://dnb.d-nb.de/ abrufbar.

Dieses Werk sowie alle darin enthaltenen einzelnen Beiträge und Abbildungen sind urheberrechtlich geschützt. Jede Verwertung, die nicht ausdrücklich vom Urheberrechtsschutz zugelassen ist, bedarf der vorherigen Zustimmung des Verlages. Das gilt insbesondere für Vervielfältigungen, Bearbeitungen, Übersetzungen, Mikroverfilmungen, Auswertungen durch Datenbanken und für die Einspeicherung und Verarbeitung in elektronische Systeme. Alle Rechte, auch die des auszugsweisen Nachdrucks, der fotomechanischen Wiedergabe (einschließlich Mikrokopie) sowie der Auswertung durch Datenbanken oder ähnliche Einrichtungen, vorbehalten.

Impressum:

Copyright © 2017 GRIN Verlag, Open Publishing GmbH
Druck und Bindung: Books on Demand GmbH, Norderstedt Germany
ISBN: 9783668618718

Dieses Buch bei GRIN:

https://www.grin.com/document/387322

Vivien Erfurth-Heinz

Erstellung eines Handbuchs mit dem Titel "Was nützt mir eine Familienhilfe?"

GRIN Verlag

GRIN - Your knowledge has value

Der GRIN Verlag publiziert seit 1998 wissenschaftliche Arbeiten von Studenten, Hochschullehrern und anderen Akademikern als eBook und gedrucktes Buch. Die Verlagswebsite www.grin.com ist die ideale Plattform zur Veröffentlichung von Hausarbeiten, Abschlussarbeiten, wissenschaftlichen Aufsätzen, Dissertationen und Fachbüchern.

Besuchen Sie uns im Internet:

http://www.grin.com/

http://www.facebook.com/grincom

http://www.twitter.com/grin_com

Hochschule Rhein Main
Basa online – Soziale Arbeit
Modul P3: Gestaltung, Kreativität und Präsentation
Sommersemester 2017

Hausarbeit zum Online Modul P3:

Medienpädagogisches Konzept in Einzelarbeit:

Erstellung eines Handbuchs mit dem Titel: „Was nützt mir eine Familienhilfe?"

Eingereicht von: Vivien Erfurth-Heinz

Semester: 3. Semester

Inhaltsverzeichnis:

1. Einleitung 2
2. Hauptteil 3
   2.1 Titel/Thema/Situationsanalyse 3
   2.2 Theoriebezug 3
   2.3 Medien 5
   2.4 Zielgruppe/Adressat_innen 5
   2.5 Träger/Einrichtung/Einsatzorte/Sozialraum 5
   2.6 Ziele 7
   2.7 Konzept 8
3. Fazit 11
Literaturverzeichnis 12

1. Einleitung

In der folgenden Arbeit möchte ich ein medienpädagogisches Konzept vorstellen, zur Erstellung eines Handbuchs mit dem Titel: „Was nützt mir eine Familienhilfe?" Ich arbeite seit 9 Jahren in der ambulanten Jugendhilfe, als SPFH (Sozialpädagogische Familienhilfe). Den Jugendämtern eilt schon lange ein negativer Ruf voraus, mit beispielhaften Aussagen wie z. B. „Das Jugendamt holt Eltern ihre Kinder weg" oder „Das Jugendamt kontrolliert Eltern nur, ob sie alles richtigmachen, aber hilft nicht wirklich" usw. Die Arbeit der und auch die Familienhilfen selbst werden meist automatisch mit dem Jugendamt gleichgesetzt. Viele Familien haben bereits schlechte Erfahrungen gemacht, sowohl mit dem Jugendamt, als auch mit vorherigen Helfersystemen. Und etliche Familien haben bereits Kinder „verloren", weil ein Kind oder mehrere Kinder tatsächlich fremd untergebracht werden mussten, wegen mangelnder Erziehungsfähigkeit der Eltern. Dies kann die unterschiedlichsten Ursachen gehabt haben, wie z. B. psychische Erkrankung oder Behinderung eines Elternteils oder beider Elternteile, zu geringes Alter der Eltern zu Beginn der Elternschaft, Gewalt in der Partnerschaft, usw.

Wird dann erneut ein Kind geboren, entstehen meist bereits während der Schwangerschaft schon Ängste erneut ein Kind zu verlieren, oft schon bevor sich das Jugendamt eingeschaltet halt. Die Familien fühlen sich dann ständig beobachtet und haben Angst davor irgendwelche Fehler zu machen und auch Fragen an die Familienhilfe zu stellen, wenn sie Unterstützung benötigen oder etwas nicht wissen. Sie denken dies könne vom Jugendamt als „Unfähigkeit" gesehen werden, ein Kind zu versorgen.

Um den Familien nicht nur einen Teil ihrer Ängste zu nehmen, sondern auch offene Fragen zu beantworten, Vorurteile zu entkräften und eine erste Vorstellung davon zu geben, welchen Nutzen ihnen eine Familienhilfe überhaupt bringen kann und was sie erwarten können von dieser Form der Hilfe, entstand die Idee ein Handbuch zu diesem Thema zu erstellen, das den Familien entweder bereits vor oder bei Beginn der Hilfe übergeben werden kann. Und gerade weil es viele Vorurteile und Ängste gegenüber dem Jugendamt und Helfersystemen gibt, sollten die Inhalte dieses Handbuchs nicht allein von einer Familienhilfe erstellt werden, sondern überwiegend von der Zielgruppe selbst. Nämlich von betroffenen Familien, die entweder bereits langjährig erfahren sind mit dieser Hilfeform oder auch erstmalig Erfahrung gesammelt haben. Es soll deutlich werden, welche Möglichkeiten und Hilfsangebote es durch die Unterstützung einer

Familienhilfe geben kann, welche Erfahrungen Familien damit gesammelt haben und welche Ziele sie bereits erreicht haben. Kurze prägnante Aussagen hierzu von betreuten Familien, werden mit Fotos verdeutlicht und mit Erklärungen der SPFH ergänzt. Es soll ersichtlich werden, dass Familienhilfen systemisch und ressourcenorientiert arbeiten, eine Hilfe zur Selbsthilfe darstellen und was dies im Klartext bedeutet (vgl. Nielsen, in Chasse'/von Wensierski, 2008, S. 168).

2. Hauptteil

2.1 Titel/Thema/Situationsanalyse

Es soll ein **Handbuch mit dem Titel: „Was nützt mir eine Familienhilfe?"** für die Zielgruppe erstellt werden, von betreuten Familien gemeinsam mit der Projektleitung, das niedrigschwellig erklärt, was es bedeutet von einer Sozialpädagogischen Familienhilfe betreut zu werden und in welchen Bereichen sie die Zielgruppe unterstützen kann. Derzeit gibt es in der Einrichtung leider keine aktuellen Flyer zu dem ambulanten Hilfsangebot „FLEX - Flexible Hilfen" (Sozialpädagogische Familienhilfe). Auf der Homepage der Einrichtung gibt es zwar eine kurze Beschreibung des Angebotes, jedoch spiegelt diese bei weitem nicht das Ausmaß des Aufgabengebietes einer Sozialpädagogischen Familienhilfe wieder, um den Adressat_innen einen detaillierteren Überblick zu verschaffen, welche Unterstützung eine Familienhilfe, in welchen Lebensbereichen, für Familien in Krisensituationen bieten kann. Das Handbuch soll zukünftig bereits vor oder beim Erstgespräch, das immer zu Beginn der Hilfsmaßnahme stattfindet, zwischen Familie, Jugendamt (zuständige/r Mitarbeiter/in des ASD) und Projektleitung und zuständiger Familienhilfe der Stiftung Hospital St. Wendel, der Familie überreicht werden. Somit kann sich die Familie vom Erstgespräch bis zum ersten Termin mit der Familienhilfe bereits informieren, was sie erwartet.

2.2 Theoriebezug

Konzept der Lebensbewältigung von Lothar Böhnisch

Menschen in schwierigen Lebenskonstellationen- oder situationen sind die hauptsächlichen Adressat_innen für die Soziale Arbeit (vgl. Böhnisch, 2016, S. 11). Im Falle der Jugendhilfe, im Zusammenhang mit dem Hilfsangebot der Sozialpädagogischen Familienhilfe, bilden Familien mit mindestens einem Kind und

Problemen bei der Bewältigung von Erziehungsaufgaben die Zielgruppe. Zusammenfassend zeigen all diese Menschen Probleme bei der Lebensbewältigung. Nach dem Konzept der Lebensbewältigung gibt es laut Böhnisch 3 zu beschreibende Dimensionen. Ich möchte die Erste hier näher erläutern:

„**1. Psychodynamische Dimension**

„Verlust an Selbstwert, sozialer Anerkennung und Selbstwirksamkeit in kritischen Lebenssituationen (Lebenskonstellationen) – unbedingtes Streben nach Handlungsfähigkeit – Unfähigkeit zur Thematisierung innerer Hilflosigkeit – Zwang zur äußeren/inneren Abspaltung" (Zitat nach Böhnisch, 2016, S. 11-12).

Unter (Lebens-)Bewältigung versteht Böhnisch „das Streben nach psychosozialer Handlungsfähigkeit in kritischen Lebenskonstellationen" (Zitat nach Böhnisch, 2016, S. 20). Lebenssituationen- und konstellationen werden als kritisch beschrieben, wenn die eigenen Ressourcen bei der Bewältigung der Probleme nicht wirksam sind oder nicht mehr genügen und somit die „psychosoziale Handlungsfähigkeit" eingeschränkt ist (vgl. Filipp, 2008, in Böhnisch, 2016, S. 20). Wenn diese erst einmal eingeschränkt ist, leidet auch der Selbstwert, die Selbstwirksamkeit und die soziale Anerkennung (vgl. Böhnisch, 2016, S. 21). Jedoch haben die Menschen in ihrem Kampf nach Handlungsfähigkeit meist Probleme ihre Hilfebedürftigkeit nach außen mitzuteilen. Wenn dies nicht möglich ist, aus welchen Gründen auch immer, so muss die unausgesprochene Hilflosigkeit anderweitig kompensiert werden. Dies äußert sich nicht selten in Form von Gewalt. Die Wut über die Hilflosigkeit wird auf andere projiziert und dort wird die Schuld für die eigenen Probleme gesucht. Diese Art von Kompensation beschreibt Böhnisch als „äußere Abspaltung". Zu dieser Form der Kompensation neigen Männer eher als Frauen (vgl. Böhnisch, 2016, S. 21-22). Frauen kompensieren Probleme eher nach innen, was Böhnisch als „innere Abspaltung" bezeichnet. Diese zeigt sich meist dahingehend, dass die Schuld bei sich selbst gesucht wird und kann sich in autoaggressivem Verhalten äußern, wie z. B. durch selbstverletzendes Verhalten, Depressivität, Essstörungen, etc. (vgl. Böhnisch, 2016, S. 24). Diese Beschreibungen von Böhnisch spiegeln sich alltäglich in der Sozialen Arbeit als Familienhilfe mit hilfebedürftigen Familien wieder.

2.3 Medien

Folgende Medien werden eingesetzt, zur Erstellung des Handbuchs:

- Laptop oder PC
- Digitalkamera oder Handykamera
- Handy
- Internet
- Literatur zum Thema „Familienhilfe"
- Tintenstrahldrucker
- Schreibprogramm Word (auf Handy und Mac)

2.4 Zielgruppe/Adressat_innen

Die Zielgruppe sind vorwiegend sozial benachteiligte Familien, mit mindestens einem Kind, die aufgrund materieller und psychosozialer Probleme bei der Erziehung und Förderung ihrer Kinder/ihres Kindes in eine Krisensituation geraten sind, die sie ohne externe Hilfe nicht bewältigen können und deshalb von einer Sozialpädagogischen Familienhilfe unterstützt werden sollen, im Rahmen einer ambulanten Jugendhilfemaßnahme. Darunter gibt es viele Alleinerziehende und kinderreiche Familien. Adressat_innen können auch Kinder und Jugendliche selbst sein. Die Adressat_innen können entweder schon erfahren sein bezüglich dieser Hilfeform oder auch zum ersten Mal in Berührung mit Jugendamt/Jugendhilfe gekommen sein. Die Hilfe findet häufig im Zwangskontext statt, da bei mangelnder Kooperation eine Fremdunterbringung der Kinder/des Kindes droht (vgl. Ehrhardt, 2013, S. 88-89).

2.5 Träger/Einrichtung/Einsatzorte/Sozialraum

Die **Stiftung Hospital St. Wendel (Saarland),** ist ein Träger der Alten-, Jugend- und Kinderhilfe. In der Altenhilfe, Jugendhilfe und Kinderhilfe, werden knapp 1000 Mitarbeiter beschäftigt. Die Altenhilfe bietet neben dem Altenwohnheim außerdem Kurzzeitpflege, Tagespflege, Betreutes Wohnen und ambulante Pflege an. Die Jugendhilfe setzt sich aus stationären, teilstationären und ambulanten Hilfsangeboten zusammen. Und die Kinderhilfe stellt Kinderkrippe/Kindertagesstätte inkl. Waldkindergarten und FGTS & Kinderhort zur Verfügung.

Die Einsatzorte der ambulanten Jugendhilfe (FLEX – Flexible Hilfen, FAM – Clearing, FAM) sind unter anderem der **Landkreis Neunkirchen** und der **Regionalverband Saarbrücken** (vgl. http://stiftung-hospital.com).

Neunkirchen ist mit 10 Stadtteilen und 46.369 Einwohnern (Stand: 31.12.2015) die zweitgrößte Stadt im Saarland und ist eine ehemalige Hütten- und Bergbaustadt (vgl. https://www.neunkirchen.de/index.php?id=leben-in-neunkirchen). Vor Beginn der Flüchtlingswelle 2015 konnte man in Neunkirchen einen Bevölkerungsrückgang beobachten, der einerseits aufgrund der niedrigen Geburtenrate und andererseits auf Wanderungsverluste zurückzuführen war. Mit der Flüchtlingswelle ist wieder ein Zuwachs von Menschen festzustellen und ein enormer Anstieg der Geburtenrate. Demnach ist auch der Ausländeranteil stark gestiegen. Trotz einer Vielzahl von Menschen, die sozialversicherungspflichtig beschäftigt sind, weist Neunkirchen immer noch eine höhere Arbeitslosenquote auf als andere Landkreise im Saarland. Der Anteil von Sozialhilfeempfängern und Arbeitslosen ist in der Stadt Neunkirchen recht hoch. Es lässt sich eine hohe Bevölkerungsdichte und Wohnraumdichte, jedoch auch eine kurze Wohndauer verzeichnen. Es gibt viele stark überalterte Bausubstanzen mit großem Renovierungsbedarf. All diese Kriterien verweisen wiederum auf Wohnbezirke, vor allem in der Innen- und Oberstadt, welche man in umgangssprachlichen Gebrauch als „Wohnbezirke mit schlechtem Ruf" bezeichnet. Der Anteil an Kindern und Jugendlichen ist hoch.

Es gibt allerdings auch Ortsteile von Neunkirchen, die sich sowohl von der Bausubstanz, als auch das Bildungsniveau und den sozialen Status betreffend deutlich abheben.

Saarbrücken ist eine Universitätsstadt, liegt an der Saar und ist mit 20 Stadtteilen und 181.196 Einwohnern (Stand: 2016) die Landeshauptstadt des Saarlandes (vgl. http://www.saarbruecken.de/media/download-565eb062d378d). Je nach Stadtteil ist die Sozialhilfeempfänger- und Arbeitslosenquote, der Ausländeranteil, wie auch die Bevölkerungs- und Wohnraumdichte sehr hoch. Vor allem seit der Flüchtlingswelle ist Wohnraum sehr knapp geworden. Je nach Wohnlage lassen sich Bildungsstand und Sozialstand klar differenzieren. Es gibt viele soziale Brennpunkte in der Stadt Saarbrücken. Ortseingang Saarbrücken City gibt es ein stadtbekanntes Rotlichtmilieu.

2.6 Ziele

Die Ziele sollen hauptsächlich gerichtet sein auf das Verhältnis der Gruppe zu Medien, das Verhältnis der Gruppenmitglieder untereinander und auf den Gruppenaustausch und den Diskurs auf das Projektthema bezogen (vgl. Rösch/Demmler/Jäcklein-Kreis/Albers-Heinemann, 2012, S. 40).

1) Die Familien erhalten einen anderen Zugang zu Medien als üblich in ihrem Alltag. Während sie sonst ihre Handys im alltäglichen Gebrauch überwiegend nutzen für soziale Netzwerke, wie Whats App, Facebook, Instagram & Co. und zum Telefonieren, nutzen sie ihre Handys nun zum Fotografieren, zum Festhalten schriftlicher Inhalte mit Hilfe von Textverarbeitungsprogrammen (Word) und zum Weiterleiten dieser per Email. Sie befassen sich mit Literatur und fassen Inhalte dieser kurz zusammen. Sie lernen ggf. neue Medien kennen.

2) Die Familien arbeiten in Gruppen am Projekt, unter Anleitung der Projektleiterin. Sie teilen sich nach Projektschritten (Fotos/Textsammlung/ Literaturbearbeitung/ Zusammenfassung der gesamten Textsammlung/ Zusammenstellung Fotos und Text/Endbearbeitung) auf und achten darauf, dass sich in jeder Kleingruppe eine Person befindet, die bereits erfahren ist, im Umgang mit der jeweiligen Tätigkeit bzw. dem jeweiligen Medium. Die Familien lernen sich besser kennen und lernen voneinander.

3) Die Familien gehen in den Diskurs und Erfahrungsaustausch miteinander, zum Projektthema „Was nützt mir eine Familienhilfe?": Welche positiven persönlichen Erfahrungen haben sie gemacht? Gab es Vorurteile vor Beginn der Hilfsmaßnahme und wurden diese bestätigt oder widerlegt? Welche Ziele wurden bereits mit Unterstützung der Familienhilfe erreicht?

4) Die Familien erhalten nach Fertigstellung des Projekts weitere Anregungen für welche Lebensbereiche sie die Unterstützung durch die Familienhilfe noch nutzen können. Die Familien die die Hilfe im Zwangskontext beantragen mussten, erkennen Vorteile der Hilfsmaßnahme und lernen diese adäquat für sich zu nutzen.

5) Das Selbstwertgefühl der Familien steigt, weil sie voneinander lernen konnten und ein Projekt gemeinschaftlich durchgeführt haben, das einen großen Nutzen haben wird für weitere Familien, die sich in ähnlichen prekären Lebenssituationen befinden.

2.7 Konzept

Zeit

5 Tage zu je 5 Stunden

Raum

Teambüro in Saarbrücken, ausgestattet mit Flipchart, 2 Schreibtischen mit je einem PC und großem Konferenztisch mit Stühlen.

Gruppe/Gruppenzusammensetzung

- 8 Personen (3 Paare und 2 Alleinerziehende)
- 1 Projektleitung

Finanzen

Material wird vom Träger zur Verfügung gestellt

Exemplarischer Ablaufplan

Zeit	Mo 10-15 Uhr 10-13 Uhr Exploration/ Internetrecherche 13-15 Uhr Auswertung/ Selektion am PC	Di 10-15 Uhr 10-13 Uhr Sammeln/ Erfahrungsaustausch/ Reflexion 13-15 Uhr Übertrag auf PC	Mi 10-15 Uhr 10-13 Uhr Lesen/ Sammeln/Diskurs 13-15 Uhr Übertrag auf PC
Inhalt/ Thema	• Fotografieren von Orten/Institutionen die bereits mit der Familienhilfe besucht wurden (Kita, Jobcenter, etc.) • Fotografieren der	• Sammeln von Aussagen zu persönlichen Erfahrungen u. erreichten Zielen der Familien	• Literaturanalyse zum Tätigkeitsfeld der Familienhilfe (SPFH) • Selektion der

	Familien selbst (mit Einverständnis) • Internetrecherche nach Fotos • Auswertung/ Selektion der Fotos		Textauswahl
Ziel	• Exploration • Sammeln von Fotos für das Handbuch	• Erfahrungsaustausch • Reflexion	• Textgewinnung für das Handbuch • Diskurs zum Thema
Aufgaben-verteilung	• 4 x 2er-Gruppen • Drei 2er-Gruppen explorieren und eine 2er-Gruppe betreibt Internetrecherche • Projektleitung schließt sich im Wechsel einer Gruppe an • Gesamte Gruppe selektiert die gesammelten Fotos und überträgt auf PC	• Zwei 4er-Gruppen • Projektleitung schließt sich im Wechsel einer Gruppe an • Eine 2-er Gruppe überträgt Sammlung auf PC, an je einem PC	• 4 x 2er-Gruppen • Projektleitung schließt sich im Wechsel einer Gruppe an • Eine 2-er Gruppe überträgt Sammlung auf PC, an je einem PC
Methoden	• Aufsuchen und fotografieren von typischen Orten, zu denen Familien oft von Familienhilfe begleitet wurden (Jobcenter, Kita, Kinderarzt,...) • Suche im Internet nach Fotos von Orten, die schwieriger	• Sammeln der Aussagen auf Moderationskarten • Sammeln der Karten an der Metaplanwand • Übertragung der gesammelten Aussagen in Word am	• Lesen ausgewählter Literatur (vorselektierte Auswahl einzelner Seiten oder Abschnitte durch Projektleitung)

	aufzusuchen sind, wegen größerer Entfernung • Gemeinsame Selektion, Endauswahl u. Speichern der Fotos auf dem PC	PC	• Sammeln von Textaussagen am Flipchart • Übertragung der Sammlung in Word am PC
Technik/ Materialien	• Fotokameras o. Handys mit Kamerafunktion • PC mit Internetzugang und Wordprogramm • evtl. USB-Kabel zum übertragen der Fotos auf den PC	• Metaplanwand • Moderationskarten • Moderationskoffer • Textmarker • PC u. Word-programm	• Literatur • Flipchart • Textmarker • PC u. Wordprogramm
Zeit	**Do** **10-15 Uhr** 10-14 Uhr Zusammenstellung Text + Fotos 14-15 Uhr Diskurs	**Fr** **10-15 Uhr** 10-14 Uhr Endbearbeitung/Drucken/ Lochen u. Heften des Handbuchs 14-15 Uhr Reflexion des Projekts	
Inhalt/ Thema	• Zusammenstellung Text u. Fotos • Fertigstellung des Entwurfs	• Endbearbeitung • Drucken • Fertigstellung des Handbuches	
Ziel	• Austausch/Diskurs • Textzusammenstellung	• Abschluss der gemeinsamen Arbeit • Reflexion des Projekts	
Aufgabenverteilung	• Zwei 4-er Gruppen je an einem PC	• Zwei 4-er Gruppen je an einem PC	

		•Projektleitung schließt sich im Wechsel einer Gruppe an	Endbearbeitung • Projektleitung schließt sich im Wechsel je einer Gruppe an • Eine 2-er Gruppe druckt, locht und heftet zum Handbuch • Gesamte Gruppe reflektiert das gemeinsame Projekt
Methoden	• Arbeiten in Word • Diskurs in der Gruppenrunde		• Arbeiten in Word • Arbeiten am Schreibtisch • Reflexion in der Gruppenrunde
Technik/ Materialien	• PC u. Wordprogramm		• PC u. Wordprogramm • Drucker mit Farbe • Druckerpapier • Locher • Heftmappe

(Orientierung Ablaufplan vgl. Rösch/Demmler/Jäcklein-Kreis/Albers-Heinemann, 2012)

3. Fazit

Rückblickend kann ich sagen, dass diese Art des medienpädagogischen Konzeptes mit Sicherheit eine bereichernde Arbeit für die Zielgruppe und auch mich als Leitung dieses Projekts wäre. Gerade weil der Selbstwert, die soziale Anerkennung und die Handlungsfähigkeit dieser Zielgruppe meist sehr eingeschränkt sind, würde die Gruppenarbeit und eine mögliche anschließende Präsentation des fertigen Handbuches, sicherlich zu einer Steigerung dieser beitragen. Die Präsentation könnte z. B. vor der Jugendhilfeleitung unseres Trägers und unserem Team oder auch gegenüber dem ASD eines Jugendamtes erfolgen.

Literaturverzeichnis

- Böhnisch, Lothar (2016): Lebensbewältigung – Ein Konzept für die Soziale Arbeit
- Nielsen, Heidi in: Chasse´, Karl-August/von Wensierski, Hans-Jürgen (2008): Praxisfelder der Sozialen Arbeit; Eine Einführung
- Ehrhardt, Angelika (2013): Methoden der Sozialen Arbeit
- Rösch, Eike/Demmler, Kathrin/Jäcklein-Kreis, Elisabeth/Albers-Heinemann, Tobias (2012): Medienpädagogik Praxis Handbuch; Grundlagen, Anregungen und Konzepte für Aktive Medienarbeit

Internetquellen:

- https://www.neunkirchen.de/index.php?id=leben-in-neunkirchen (letzter Zugriff: 10.07.17)
- http://www.saarbruecken.de/media/download-565eb062d378d (letzter Zugriff: 11.07.17)
- http://stiftung-hospital.com (letzter Zugriff: 10.07.17)

Fotoquellen:

- Foto Nr. 1: http://www.magdalenenstift.de/cms/front_content.php?idcat=128
- Foto Nr. 2: https://www.regionalverband-saarbruecken.de/jobcenter/
- Foto Nr. 3: http://www.suchtinfo-oberpfalz.de/wege-aus-der-sucht/suchtberatung/
- Foto Nr. 4: http://www.kitaspielpilot.de

5. Fotobeispiele mit beispielhaften Aussagen:

[Foto aus urheberrechtlichen Gründen entfernt. Siehe S. 12 unter Fotoquellen.]
In diesen Lebensbereichen und noch vielen mehr kann eine Familienhilfe unterstützen.

[Foto aus urheberrechtlichen Gründen entfernt. Siehe S. 12 unter Fotoquellen.]
„Meine Familienhilfe hilft mir, behördliche Angelegenheiten mit dem Jobcenter zu klären."

[Foto aus urheberrechtlichen Gründen entfernt. Siehe S. 12 unter Fotoquellen.]
„Meine Familienhilfe hat mich dabei unterstützt, von den Drogen wegzukommen!"

[Foto aus urheberrechtlichen Gründen entfernt. Siehe S. 12 unter Fotoquellen.]
„Meine Familienhilfe hat mit mir einen Kitaplatz für mein Kind gesucht."

BEI GRIN MACHT SICH IHR WISSEN BEZAHLT

- Wir veröffentlichen Ihre Hausarbeit, Bachelor- und Masterarbeit

- Ihr eigenes eBook und Buch - weltweit in allen wichtigen Shops

- Verdienen Sie an jedem Verkauf

Jetzt bei www.GRIN.com hochladen und kostenlos publizieren